Vente du Lundi 4 Décembre 1899

HOTEL DROUOT, SALLE N° 8.

DESSINS ANCIENS

ET MODERNES

Aquarelles

DESSINS EN LOTS

EXPOSITION PUBLIQUE :

Le Dimanche 3 Décembre 1899

de 2 heures à 5 heures et demie.

Mᵉ MAURICE DELESTRE	M. PAUL ROBLIN
COMMISSAIRE-PRISEUR	EXPERT
5, Rue Saint-Georges, 5	65, Rue Saint-Lazare, 65

1899

CATALOGUE

DE

DESSINS ANCIENS

DES XVIᵉ, XVIIᵉ ET XVIIIᵉ SIÈCLES

AQUARELLES ET DESSINS
Modernes

ŒUVRES DE P. AVRIL, BELLANGÉ, DECAMPS, GÉRICAULT
GUYS, LALANNE, MONNIER, RAFFET
ROUSSEAU, C. ET H. VERNET, VOLLON, ETC.

Dessins en Lots

DONT LA VENTE AUX ENCHÈRES PUBLIQUES AURA LIEU

HOTEL DES COMMISSAIRES-PRISEURS, RUE DROUOT, Nº 9

Salle Nº 8

Le Lundi 4 Décembre 1899

à deux heures précises.

Mᵉ Maurice DELESTRE	**M. Paul ROBLIN**
COMMISSAIRE PRISEUR	EXPERT
5, Rue Saint-Georges, 5	65, Rue Saint-Lazare, 65

EXPOSITION PUBLIQUE :

Le Dimanche 3 Décembre 1899, de 2 heures à 5 heures et demie.

CONDITIONS DE LA VENTE

———

La vente sera faite au comptant.

Les acquéreurs paieront *cinq pour cent* **en** sus des prix d'adjudication.

M. Paul ROBLIN, chargé de la vente, se réserve la faculté de rassembler ou de diviser les lots.

L'Exposition mettant le public à même de se rendre compte de l'état et de la nature des dessins, aucune réclamation ne sera admise, une fois l'adjudication prononcée.

———

L'ordre numérique ne sera pas suivi.

DESSINS ANCIENS

ANONYME

1 — Sujets mythologiques. Frises. Allégories. Emblèmes de la musique. Vingt-six compositions au lavis d'encre de chine, en album.

AUVREST

2 — J.-J. Rousseau herborisant.
Plume et lavis. Signé : Auvrest fecit.

BÉLANGER, architecte.

3 — Grand Théàtre des Arts.
Plume et aquarelle, rehaussé de gouache. Signé : Bélanger, architecte.

BOUCHARDON (Ed.)

4 — Etude d'homme couché.
Sanguine.

BOUCHER (François)

5 — Etudes d'Amours.
Crayon noir, rehaussé de blanc, sur papier gris.

CARAVAGIO (Polidoro di)

6 — Vénus et l'Amour.
Sanguine et lavis.

CARESME (Ph.)

7 — Triomphe de Bacchus.
Plume, lavé de bistre.

CARMONTELLE (attribué à L. C. de)

8 — Paysage avec pont rustique surmonté d'un pavillon chinois.
Très belle aquarelle.

DEBUCOURT (attribué à P. L)

9 — Une allée du Jardin des Thuilleries.
Gouache. Cadre en bois sculpté.

DESPRÈS

10 — Illuminations de la Croix de Saint-Pierre, à Rome.
Deux pendants.
Plume et lavis d'encre de chine, rehaussés de gouache. Signés.

DESRAIS (Cl. L.)

11 — La Visite à l'accouchée.
Plume et sépia.

DOUBLET (XVIIIᵉ siècle)

12 — La Surprise.
Crayon noir. Signé : Doublet del.

DROLLING (J.)

13 — Portrait d'homme en médaillon.
Crayon noir.

DUMONT (Gabriel-Martin)

14 — Projets de Fontaine. Deux pendants.
Plume et aquarelle.

ÉCOLE ALLEMANDE DU XVIᵉ SIÈCLE

15 — Portrait de femme.
Au crayon d'argent.

16 — Portrait d'homme.
Au crayon d'argent.

17 — La Vierge assise tenant l'Enfant Jésus.
Au lavis rehaussé de blanc.

ÉCOLE FRANÇAISE DU XVIIIᵉ SIÈCLE

18 — Un Amateur.
Plume et aquarelle. Cachet de Collection G. R.

19 — Le Cardinal de Tencin Médaillon à la sanguine.

20 — Le Palais de Versailles, vu du côté des jardins.
Plume et aquarelle.

21 – Paysages. Deux pendants.
Mine de plomb et lavis d'encre de chine.

22 — Portrait présumé de M. de Rossel, capitaine de vaisseau, et son fils.
Pastel.

23 — Portrait de femme âgée.
Pastel.

24 — Portrait présumé du marquis de Marigny.
Pastel.

25 — Vieillard et Soubrette.
Crayon noir et lavis.

ECOLE HOLLANDAISE DU XVIIIe SIÈCLE

26 — Marine.
Aquarelle.

ECOLE ITALIENNE DU XVIe SIÈCLE

27 — Hercule et Anthée.
Crayon noir et sanguine.

EISEN (Charles)

28 — Allégorie.
Mine de plomb.

FRAGONARD (H)

29 — Etudes de têtes d'après l'antique.
Sanguine, sur papier végétal. — Collection Emile Adam

30 — Personnages devant un bas-relief.
Croquis à la sépia.

FRAGONARD (attribué à H.)

31 — Tête de guerrier romain.
Pierre noire.

FREUDENBERGER S.

32 – Tête de jeune garçon.
Sanguine.

GRAVELOT (Hubert)

33 — Anacréon brisant l'arc de l'Amour.
A la sépia. Signé.

GREUZE (J. B.)

34 — Intérieur villageois.
Croquis à la plume.

GUARDI (Attribué à F.)

35 — Vues d'Italie. Deux pendants.
Gouaches. 1750.

HOUEL (J.)

36 — Paysages animés de personnages. Deux pendants.
Plume et lavis d'encre de chine, rehaussés de sépia. Signés
J. Houël f. 1765.

HUET (J. B.)

37 — Les Plaisirs champêtres.
Croquis à la plume, a été gravé.

LAGNEAU (XVIIe siècle)

38 — Portrait du Duc de Joyeuse.
Crayon noir rehaussé de pastel.

39 — Portrait de Michel de L'Hospital.
Crayon noir rehaussé de pastel.

LA RUE (De)

40 — Jeux d'enfants. Deux pièces.
Plume et lavis rehaussé de gouache.

LEMOINE (Fr.)

41 — Enlèvement d'une Nymphe.
Crayon noir rehaussé de blanc. Sur papier gris.

LE PRINCE (J. B.)

42 — Tête d'oriental.
Sanguine.

MARILLIER (P. Cl.)

43 — Le Pont effondré. Sujet pour illustration.
Plume et sépia.

MINIATURES

44 — Portrait de femme à mi-corps, tenant une partition.
Fixé.

45 — Vénus sur les eaux.
Grisaille.

46 — Trois lettres ornées gothiques, tirées d'un antiphonaire.
Sur parchemin.

MONNET (Ch.)

47 — Cinq feuilles contenant dix dessins têtes de pages pour les *Fables de Florian*.
Encre de chine. Signés : C. Monnet, inv. del.

MOUCHERON (XVIIe siècle)

48 — Paysages. Deux pendants.
Encre de chine et sépia.

NATOIRE (Ch. J.)

49 — Etude de femme à genoux et Etudes de mains.
Crayon noir rehaussé de blanc, sur papier gris.

NYMEGEN (Gérard van)

50 — Pastorale, avec portrait de N. Berghem.
Pierre noire, 1792. De la collection du Comte Spencer.

PATER (J.-B.)

51 — Etude d'habit. Au verso, Etudes de mains.
Crayon noir rehaussé de blanc.

PERINO DEL VAGA

52 — Adam et Eve.
Plume et lavis. Cachet de collection.

PERUZZI (Balth.)

53 — Nymphe sur un char traîné par deux taureaux.
Sanguine et pierre d'Italie. — Collection Jean Gigoux (n° 128

PEYRE

54 — Projet de Monument au Roi Louis XVI.
Encre de chine.

PIERRE (J. B.)

55 — Réunion de paysans.
Pierre noire.

PILLEMENT

56 — Château avec terrasse.
Pierre noire.

PIRANESI (J.-B.)

57 — Feuille d'étude, femmes debout, et têtes d'anges.
Plume.

PORTAIL (J. And.)

58 — Duo de musique.
Esquisse au crayon noir et à la sanguine.

PRIEUR

59 — Projet de temple.
Plume et lavis d'encre de chine. Signé : Prieur, fecit 1781

PRUD'HON (P. P.)

60 — Etudes de femmes couchées.
Quatre dessins, à la pierre noire rehaussés de blanc, sur papier bleu

61 — Etudes de têtes et académies.
Six dessins à la pierre noire, rehaussés de blanc, sur papier bleu.

62 — La prière de l'Enfant.
Crayons noir et blanc sur papier bleu.

63 — Vénus assise.
Crayons noir et blanc sur papier bleu.

64 — Vénus, Amours et Académies.
Cinq dessins à la pierre noire, rehaussés de blanc sur papier bleu.

REHN (T. E)

65 — Allégorie, avec instruments d'astronomie, etc.
Plume et lavis.

ROBERT (Hubert)

66 — Artiste dessinant des ruines.
Sanguine.

67 — Personnage de profil à côté d'un vase monumental.
Sanguine.

68 — Le Pont rustique.
Sanguine.

69 — Les Ruines du Colisée.
Sanguine.

70 — Vue d'une Cour à côté d'une Eglise.
A la pierre noire.

SAINT-AUBIN (Gabriel de)

71 — Feuille de croquis.
A la plume et au crayon noir. 25 mars 1760.

THÉVENIN

72 — La partie d'échecs.
*Plume et lavis, rehaussé de gouache, sur papier gris.
Signé : Thévenin.*

TIÉPOLO (Dom)

73 — Apothéose d'un saint.
Plume et encre de chine.

74 — Pape assis et bénissant.
Plume et sépia.

TRINQUESSE (Louis)

75 — Etude de femme assise.
Sanguine.

VALLIN

76 — Bacchante.
A la pierre noire, rehaussé de blanc sur papier bleu.

VAN-LOO (Carle)

77 — Etudes de bras.
Sanguine rehaussé de blanc.

WATTEAU (Ant.)

78 — Etude de deux hommes.
Sanguine. Cachet de la Collection S. L.

WATTEAU (Attribué à Ant.)

79 — Etudes de bras et de mains.
Deux croquis aux crayons de couleur.

WILLE FILS (P. Alex.)

80 — Vieille femme normande.
Sanguine.

WOUVERMANS

81 — Campements militaires. Deux pendants.
Mine de plomb.

ZINGG

82 — Marine.
Plume et lavis d'encre de chine. Signé : Zingg. 1764.

DESSINS MODERNES

AQUARELLES

ALVINO (E.)

83 — Vue de la Montée S. Antonio, à Pausilippe (Naples).
Aquarelle. — Autre dessin. « Arquebusier ». Deux pièces.

ANDRÉAS (A.)

84 — Femme nue.
Vigoureuse étude aux crayons de couleur. Signée.

AVRIL (Paul)

85 — Huit compositions pour *l'Eventail* de Octave Uzanne.
Encre de chine, rehaussé de gouache. Signés.

BAUDRY (Paul)

86 — La Source.
Gouache.

BEAUMONT (E. de)

87 — Jeune femme agenouillée.
Esqnisse au crayon noir.

BELLANGÉ (Eugène)

88 — Soldat en congé.
Aquarelle, Signée : 1851, avec dédicace.

BELLANGÉ (Hip.)

89 — La Vieille Vivandière.
Aquarelle. Signée : H^te Bellangé 1825.

BOILLY (Louis)

90 — Portrait de Femme.
Crayon noir, rehaussé de blanc. Signé : L. Boilly, 1822.

CHABOD (E.)

91 — Frontispicce in-4° pour : *Sous-Bois*, de Theuriet.
Très fine aquarelle. Signé.

CHASSELAT

92 — Sept petites compositions pour les *Sept merveilles du monde.*
Sépia.

CONDAMY (De)

93 — Etude de chien.
Aquarelle signée.

DECAMPS

94 — Une ferme.
Crayon noir.

GÉRICAULT (Th.)

95 — Tête de soldat.
Crayon noir et sanguine.

GIRODET-TRIOSON (Attribué à)

96 — Le Passage du Torrent. (Sujet pour *Paul et Virginie*).
Au lavis d'encre de chine.

GRANDVILLE (J.-J)

97 — Sujets pour illustrations.
Deux dessins à la plume. Cachet de la vente de l'artiste.

GUYS (Constantin)

98 — Etudes de femmes. Deux dessins.
Plume et aquarelle.

HERVIER (Ad.)

99 — Barque de pêche du Havre.
Aquarelle signée, 14 septembre 1844.

JOHANNOT (Tony)

100 — Vignette pour illustration.
Encre de chine. Signé Ty Johannot. Cadre en cuivre.

LALANNE (Maxime)

101 — Allée d'orangers, chez Mme de Balzac.
Crayon noir.

102 — Cascade, effet d'orage.
Fusain.

103 — Cascade dans les rochers.
Fusain.

104 — Chemin sous bois, effet de brouillard.
Crayon noir.

105 — Chemin tournant dans le Parc de Madame de Balzac.
Fusain.

106 — Intérieur de forêt.
Fusain.

107 — Paysage.
Beau dessin au crayon noir.

108 — La Seine, aux environs de Rouen.
Crayon noir.

109 — Paysages, Vues de Villes. Onze dessins.
Au crayon noir et à la sanguine.

LEDOUX (Aug.)

110 — Frontispice avec cadre illustré, pour un ouvrage de l'Ecole Romantique.
Belle aquarelle. Signée : Aug. Le Doux. 1836.

LEVY (Em)

111 — Cinq compositions têtes de pages, pour les *Idylles de Théocrite.* Edition Jouaust.
Plume et encre de chine.

LUMINAIS

112 — Deux études de gladiateur.
Esquisse peinte.

MONNIER (Henry)

113 — Chez le notaire. Composition de onze personnages.
Crayon noir et lavis. Signé : Henry Monnier, 1833.

114 — Monsieur Joseph Prudhomme. Deux types différents.
Plume et aquarelle. Signés : Henry Monnier, janvier 1853.

115 — Etudes de Physionomies. Composition de dix personnages et un chien.
> *Plume et crayon noir. Signé : Henry Monnier 1869.*

116 — L'attente, composition de sept personnages.
> *Plume et lavis rehaussé de gouache. Signé : Henry Monnier,
1869.*

117 — L'attente, composition de dix personnages.
> *Plume et lavis rehaussé de gouache. Signé : 1869, avec
dédicace.*

118 — En gare.
> *Plume et crayon noir. Signé : 8 juin 1872, avec dédicace.*

119 — Cinq personnages assis et un chien.
> *Plume et aquarelle. 1er mars 74.*

120 — Cuisinière tricotant.
> *Aquarelle. Signée : Henry Monnier, juin 1876.*

121 — Querelle de ménage. Croquis au verso.
> *Crayon noir. Signé.*

122 — Arrivée des parents de province.
> *Plume et lavis. Signé.*

123 — Feuille d'études.
> *Crayon noir.*

MILLET (J.-F.)

124 — Feuille d'études, figures et animaux.
> *Crayon noir. Croquis au verso.*

125 — Tête d'homme, profil à droite.
> *Etude à la pierre noire. Signée des initiales.*

RAFFET (Aug.)

126 — Forges d'Abinville. 16 juin 1837.
> *Croquis lavé de sépia. Cachet de la vente San Donato.*

127 — Sculanie 1837.
> *Sépia. Cachet de la vente San Donato.*

128 — Costume de femme Italienne.
> *Aquarelle. Signée : Raffet, 1849.*

129 — Voltigeur, tenue de campagne.
A la plume. Signé : Raffet, 1854.

130 — Paysage.
Crayon noir. Signé.

131 — Artilleur à cheval.
Plume et aquarelle.

132 — Général à cheval.
Aquarelle.

133 — Hussard à cheval.
Mine de plomb et aquarelle.

134 — Hussards à cheval.
Aquarelle.

135 - Costumes militaires. Trois pièces.
Aquarelles.

RAFFET (attribué à Aug.)

136 — Trompette de gendarmes, à cheval.
Belle aquarelle.

ROUSSEAU (Philippe)

137 — Lièvre et Perdrix.
Crayon noir rehaussé de blanc. Signé, avec dédicace.

THOMAS (Louis)

138 — Paysages.
Huit dessins à l'aquarelle. Signés.

VERNET (Carle)

139 — Combat de Hussard et de Mameluck dans une sortie.
Beau dessin à la sépia, rehaussé de gouache. (A été gravé par Debucourt).

VERNET (Horace)

140 — Artilleurs grecs et français.
A la plume.

VOLLON (Ant.)

141 — Paysage avec étang.
Crayon noir rehaussé de blanc.

142 — Paysage avec ruines.
Crayon noir.

---

143 — Sous ce numéro, il sera vendu par lots environ 200 dessins anciens et modernes.

Grande Imprimerie du Centre. — HERBIN, Montluçon.